CAKES SALES

ケーク・サレ／渡辺麻紀

はじめに

もう、ずいぶん前。
パリで知人の家に遊びに行った時のこと。
テーブルの上にキッシュと並んでいるケーキがあって
これは何？とその家のマダムに尋ねると
オリーブオイルで作ったケーキと言われました。
食べてみると
赤ピーマンやアンチョビが細かく刻んで入った
まさに塩味のケーキでした。

これが、私のケーク・サレとの出会いです。

それ以後、折に触れ、
あんな素材を入れたら面白いなぁ、とか
こんな組み合わせ、ぜったいおいしいなぁ、とか
レシピがひらめいてはアタマの中の引き出しにたまってゆき、
いつか、ケーク・サレの本を作ってみたいと
思ってきました。

ひと切れのケーキの中で、
ジューシーなトマトがごろんとあったり、
しょっぱいアンチョビがあったり、
お肉のかたまりがあって、
次は付け合わせのようなにんじんと甘い玉ねぎ‥‥
というふうに、
野菜料理やお肉料理のお皿を食べすすんでいくような
そんなケーキが、私の作るケーク・サレです。

できるだけ、何を食べているのかがわかるよう
素材を大きいまま使うのです。
そして
せっかく作るのですもの、
ひと切れでじゅうぶん満足できるよう、
たっぷり加えました。
ただ、これは、お好みで半量までは減らせますので
合わせるものによって、調整することもできます。

水分や油分、粉類やチーズ類は、
素材に合わせて分量や、種類、風味を変えてみました。
ひらめきで、いろんな風味がすぐに楽しめるのが
ケーク・サレのおもしろいところ。

こうしていくと組み合わせは無限にあって、
毎日作っても追いつかないほど！

まずは、この本の中で、
お気に入りのひとつを見つけてもらえると
うれしいです。

渡辺麻紀

SOMMAIRE／もくじ

- 2 はじめに
- 6 玉ねぎとベーコンにグリエールチーズ
- 10 にんじんとタイムにリコッタチーズ
- 11 じゃがいもとビールにキャラウェイ
- 12 サーモン ディル ケーパー
- 13 アルザシヤン
- 16 プロヴァンサル
- 17 ボロネーズ
- 18 クアットロ・フンギ
- 19 グレック
- 22 ミートボール
- 23 エビとグリーンピースにミント
- 24 とろりホワイトソースとカニ
- 25 とろりカレー
- 28 ツナとキャベツにマヨネーズソース
- 29 チキンとシャンピニオンにコニャック
- 30 ズッキーニとシェーブルチーズ
- 31 なすとサラミにドライトマト
- 34 クアットロ・フォルマッジ
- 35 ガーデンフレッシュハーブ
- 36 ゴルゴンゾーラとアプリコットにキルシュ

37	セロリとコンビーフ
40	カマンベールとナッツにカルヴァドス
41	デーツとベーコンにバルサミコ
42	マロンピカンテ
43	マルゲリータ
46	エビとオリーブにトマト
47	かぼちゃとハムにカレー
48	ルッコラと生ハム
49	バターコーンに焦がし味噌
52	チマキーゼ
53	長ねぎとチャーシューに黒七味
54	ごぼうと鶏に生姜
55	おからごまごま
59	ケーク・サレ基礎知識

＊この本での決まりごと
●1カップ＝200mℓ、大さじ＝15mℓ、小さじ＝5mℓで計量しています（1mℓ＝1cc）。
●卵は特に表記がない場合はMサイズを使用しています。
●バターはすべて食塩不使用タイプを使用しています。
●オリーブオイルはすべてヴァージンオリーブオイルを使用しています。
　（ピュアオリーブオイルではなく、ヴァージンオリーブオイルをおすすめします。）
●こしょうは特に表記のない場合は、白こしょうをミルでひいたものを使用しています。
●生クリームは動物性の脂肪分が35％前後のものを使用しています。
●オーブンの温度と焼き時間は目安です。オーブンの機種によって差が出る場合があるので、
　様子を見ながら焼いてください。この本ではガスオーブンを使用しています。

●写真ページのページ数の横に、それぞれのケークに使った風味材料（主に水分・油分にあたるもの）を入れてあります。
　作る時の参考にしてください。

玉ねぎとベーコンにグリエールチーズ 作り方>P.8-9
Le Lyonnais : lard, oignon, gruyère

たっぷり玉ねぎが入った、どっしり、しっとり焼き上がるタイプ。
おいしさのコツはベーコンの脂で風味を移しながら玉ねぎを炒めること。
シンプルな材料の組み合わせなのに、驚くほどおいしいケーキです。

‥‥生クリーム

玉ねぎとベーコンにグリエールチーズ P.6-7

材料 [8cm×18cm×8cmのパウンド型1台分]
ベーコン‥‥5枚
玉ねぎ‥‥中2個(正味400g)
塩、こしょう‥‥各適量
飾り用
　フライドオニオン(市販品)‥‥大さじ3

卵‥‥2個
生クリーム‥‥150ml
グリエールチーズ(すりおろしたもの)
　‥‥50g
A　薄力粉‥‥150g
　　ベーキングパウダー‥‥小さじ2
　　粗塩‥‥小さじ1
こしょう、ナツメグパウダー‥‥各少々

作り方

1. ベーコンは1cm幅に切る。玉ねぎは縦半分に切り、縦の薄切りにする。

2. フライパンにベーコンを入れて中火にかけ、脂が出るようにちりっとするまで炒める。へらで押ししっかり脂を出し、キッチンペーパーを敷いたバットの上に広げてさらに余分な脂を取りながら冷ます。

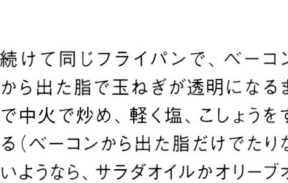

続けて同じフライパンで、ベーコンから出た脂で玉ねぎが透明になるまで中火で炒め、軽く塩、こしょうをする(ベーコンから出た脂だけでたりないようなら、サラダオイルかオリーブオイルを少々加える)。キッチンペーパーを敷いたバットの上に広げて冷ます。

3. ボウルに卵を割り入れ、卵白のコシを切るように、泡立て器を縦に動かして溶きほぐす。

4. 生クリームを加え、泡立てないようにすり混ぜる。

5. グリエールチーズを加えて混ぜる。

6. ゴムべらに替え、**2**のベーコンと玉ねぎを加えてゴムべらで切るように混ぜる。

7. 合わせてふるっておいたAとこしょう、ナツメグパウダーを加え、ゴムべらで切るように混ぜる。

ケーク・サレの作り方のポイントは、まず、中に入れる材料（具）を用意し、
余分な水分が入らないようにキッチンペーパーを敷いたバットに広げて冷ましておくことです。
あとは、作り方手順にしたがってボウルに入れて混ぜ合わせていくだけです。
この本では中に入れる材料（具）をたっぷり入れたレシピを紹介しています。
もう少しボリュームダウンしたい方は半量までなら減らしても大丈夫です。
また、生クリームをオリーブオイルに替えても違った風味を楽しめます。

8.

オーブンシートを敷いた型（P.59参照）に**7**の生地を入れる。隅々まで生地がきちんと入るようにする。

9.

型の底を3〜4回、作業台にしっかり叩きつけて空気を抜く。

10.

上にフライドオニオンを散らす。

11.

180℃に温めておいたオーブンで40分焼く。焦げるようなら途中でアルミホイルをかぶせる。焼き上がったら型ごとケーキクーラーにのせる。

12.

7分たったら型から出してオーブンシートをはずし、冷ます。
焼き上がってすぐは生地がまだやわらかく形が崩れやすいので、型から取り出さないほうがよい。

＊型に入れたまま10分以上おくと蒸れてケーキがふやけてしまうことがあるので注意する。

にんじんとタイムにリコッタチーズ 作り方>P.14
Carottes à la saveur de thym

たくさんのにんじんと水分の多いチーズで、しっとり、やわらかく焼き上がるタイプ。
リコッタチーズはさっぱり風味のイタリアのチーズ。カッテージチーズで代用できます。

じゃがいもとビールに
キャラウェイ 作り方>P.14
**Pommes de terre,
bière et cumin**

ほんのり残るビールの香りと苦み、ぷちっとした食感のキャラウェイの香りがアクセント。
グリエしたソーセージや厚切りベーコンと一緒にどうぞ。

サーモン ディル ケーパー 作り方＞P.15
Saumon fumé, câpres et aneth

ポイントは、レモンを果肉ごと入れること！
驚くほどさわやかな風味に仕上がります。

‥‥白ワイン＆オリーブオイル

ドイツの影響が色濃い
フランス・アルザス地方のイメージで
数種のソーセージを詰め込みました。
ザワークラウトやピクルスを添えてどうぞ。

アルザシヤン 作り方＞P.15

**L'Alsacien :
aux saucisses**

にんじんとタイムにリコッタチーズ　P.10

材料［8cm×18cm×8cmのパウンド型1台分］

にんじん‥‥大2本
　（ヘタを取り、皮はむかずに使用、
　　正味400g）
オリーブオイル‥‥大さじ1
タイムの葉
　（フレッシュをしごいたもの。
　　ドライでもよい）‥‥大さじ1
塩、こしょう‥‥各適量
飾り用
　タイム‥‥3〜4本
　クラッカー‥‥2枚
卵‥‥2個
白ワイン‥‥50㎖
オリーブオイル‥‥50㎖
リコッタチーズ
　（またはカッテージチーズ）
　‥‥100g
A｢薄力粉‥‥100g
　｜デュラム・セモリナ粉
　｜　‥‥50g
　｜ベーキングパウダー
　｜　‥‥小さじ2
　｜粗塩‥‥小さじ2/3
こしょう‥‥少々

作り方

1. にんじんは横に2〜3等分してせん切りにする。温めたフライパンにオリーブオイル大さじ1を入れて中火でしんなりするまで炒め、軽く塩、こしょうをする。タイムの葉を加えて混ぜ、キッチンペーパーを敷いたバットに広げて冷ます。
2. リコッタチーズは飾り用に大さじ4を別にしておく。
3. ボウルに卵を割り入れ、泡立て器で溶きほぐす。
4. **3**に白ワインを加えて混ぜ、次にオリーブオイルを加えて混ぜる。
5. リコッタチーズを加えて混ぜる。
6. ゴムべらに替え、**1**のにんじんを加えて混ぜる。
7. 合わせてふるっておいた**A**とこしょうを加え、ゴムべらで切るように混ぜる。
8. オーブンシートを敷いた型に入れ、型の底を作業台にしっかり叩きつけて空気を抜く。
9. 上に飾り用のリコッタチーズ、タイム3〜4本、砕いたクラッカーを所々にのせる。
10. 180℃に温めておいたオーブンで40分焼く。焼き上がったら型ごとケーキクーラーにのせ、7分たったら型から出してオーブンシートをはずし、冷ます。

9.

じゃがいもとビールにキャラウェイ　P.11

材料［8cm×18cm×8cmのパウンド型1台分］

じゃがいも
　‥‥中3個（正味450g）
オリーブオイル‥‥大さじ2
塩、こしょう‥‥各適量
卵‥‥2個
ビール‥‥50㎖
オリーブオイル‥‥50㎖
コンテチーズ（すりおろしたもの）
　‥‥60g（またはパルミジャーノレ
　　ジャーノチーズ、グリエールチーズ）
キャラウェイシード‥‥大さじ1 1/2
A｢薄力粉‥‥100g
　｜そば粉‥‥50g
　｜ベーキングパウダー‥‥小さじ2
　｜粗塩‥‥小さじ1
こしょう‥‥少々

作り方

1. じゃがいもは皮をむいて厚さ2〜3㎜の輪切りにし、たっぷりの水に1時間浸ける。ざるにあげて水気をきり、乾いた布巾に広げてさらにしっかり水気をとる。
2. 温めたフライパンにオリーブオイル大さじ2を入れ、**1**のじゃがいもを入れて透き通るまで中火で炒め、軽く塩、こしょうをする。キッチンペーパーを敷いたバットの上に広げて冷ます。飾り用に7枚は別にしておく。
3. ボウルに卵を割り入れ、泡立て器で溶きほぐす。
4. **3**にビールを加えて混ぜ、次にオリーブオイルを加えて混ぜる。
5. コンテチーズとキャラウェイシードを加えて混ぜる。
6. ゴムべらに替え、**2**のじゃがいもを加えて混ぜる。
7. 合わせてふるっておいた**A**とこしょうを加え、ゴムべらで切るように混ぜる。
8. オーブンシートを敷いた型に入れ、型の底を作業台にしっかり叩きつけて空気を抜く。
9. 上に飾り用のじゃがいも7枚を少しずらしながら重ねて並べる。
10. 180℃に温めておいたオーブンで40分焼く。焼き上がったら型ごとケーキクーラーにのせ、7分たったら型から出してオーブンシートをはずし、冷ます。

9.

サーモン ディル ケーパー P.12

材料［8cm×18cm×8cmのパウンド型1台分］
スモークサーモン‥‥10枚（約100g）
ケーパー‥‥大さじ2
レモンの果肉（5mm角に切ったもの）
　‥‥大さじ1
ディルの葉（フレッシュをつまんだもの）
　‥‥1/4カップ分（約5g）
サワークリーム‥‥100g
飾り用
　国産レモンの輪切り
　　‥‥1/2切れを3枚
　ディル‥‥小3本
卵‥‥2個
白ワイン‥‥60ml
オリーブオイル‥‥50ml
A 薄力粉‥‥110g
　ライ麦粉‥‥40g
　ベーキングパウダー
　　‥‥小さじ2
　粗塩‥‥小さじ2/3
こしょう‥‥少々

作り方
1. ケーパーは汁気を手でよく絞っておく。
2. ボウルに卵を割り入れ、泡立て器で溶きほぐす。
3. **2**に白ワインを加えて混ぜ、次にオリーブオイルを加えて混ぜる。
4. ゴムべらに替え、ケーパー、レモンの果肉、ディルの葉を加えて混ぜる。
5. 合わせてふるっておいたAとこしょうを加え、切るように混ぜる。
6. オーブンシートを敷いた型に**5**の生地の1/3量を入れ、サーモン5枚を並べて上にサワークリームの半量を所々のせる。残りの生地の半量を入れ、サーモン、サワークリームを同様に入れ、残りの生地を入れる。型の底を作業台にしっかり叩きつけて空気を抜く。
7. 上に飾り用のディルとレモンの輪切りをのせる。
8. 180℃に温めておいたオーブンで40分焼く。焼き上がったら型ごとケーキクーラーにのせ、7分たったら型から出してオーブンシートをはずし、冷ます。

アルザシヤン P.13

材料［8cm×18cm×8cmのパウンド型1台分］
玉ねぎのみじん切り
　‥‥1個分（約200g）
ソーセージ4種類‥‥10本
　（白いもの、太いもの、長いもの
　各2本、辛いもの小サイズ4本）
グレープシードオイル‥‥大さじ2
塩、こしょう‥‥各適量
卵‥‥2個
ビール‥‥100ml
グレープシードオイル‥‥50ml
A 薄力粉‥‥110g
　ライ麦粉‥‥40g
　ベーキングパウダー
　　‥‥小さじ2
　粗塩‥‥小さじ1
粗挽き黒こしょう‥‥小さじ1

作り方
1. 温めたフライパンにグレープシードオイル大さじ1を入れ、玉ねぎのみじん切りを茶色く色づくまで弱火でじっくり炒め、軽く塩、こしょう（粗挽き黒こしょうでもよい）をする。キッチンペーパーを敷いたバットに広げて冷ます。
2. ソーセージはそれぞれ斜めの切り込みを表裏2本ずつ入れ、温めたフライパンにグレープシードオイル大さじ1を入れて中火で炒め、冷ます。
3. ボウルに卵を割り入れ、泡立て器で溶きほぐす。
4. **3**にビールを加えて混ぜ、次にグレープシードオイルを加えて混ぜる。
5. **1**の玉ねぎを加えて混ぜる。
6. ゴムべらに替え、合わせてふるっておいたAと粗挽き黒こしょうを加え、ゴムべらで切るように混ぜる。
7. オーブンシートを敷いた型に**6**の生地の1/3量を入れる。辛いソーセージ2本と白いもの1本、太いもの1本を入れ、残りの生地の半量を入れる。同様の本数のソーセージを入れ、残りの生地を入れる。型の底を作業台にしっかり叩きつけて空気を抜く。上に長いソーセージを2本のせる。
8. 180℃に温めておいたオーブンで40分焼く。焼き上がったら型ごとケーキクーラーにのせ、7分たったら型から出してオーブンシートをはずし、冷ます。

6.

7.

7.

プロヴァンサル 作り方>P.20
Le Provençal : anchois et légumes méditerranéens

プロヴァンスの明るい太陽のような、鮮やかな色合いの野菜を詰めました。
アンチョビは刻まずにそのまま加え、はっきりした塩味のアクセントにします。

ボロネーズ 作り方＞P.20
Façon Bolognaise au vin rouge

日本でおなじみのミートソース、
生まれ故郷はイタリアのボローニャ。
そのイメージで、
炒めたひき肉と赤ワインを加えて風味のアクセントに。

クアットロ・フンギ 作り方>P.21
Quatre champignons

ポルチーニの食欲をそそるいい香りは、一瞬で濃厚な風味を作るマジックを持っています。
ない場合は、他のきのこの分量を増やして作ってもさっぱりしておすすめ。

・・・・白ワイン&オリーブオイル

グレック 作り方>P.21
Le Grec : au fromage de feta

グレックはフランス語でギリシャ風のこと。
フェタチーズはアテネ近郊に住む羊飼いが、2～3000年前に作り始めたと言われ、
塩水につけて仕上げるため塩味が強いのが特徴。
クリームチーズに替えても違ったおいしさが楽しめます。

オリーブオイル‥‥

プロヴァンサル P.16

材料[8cm×18cm×8cmのパウンド型1台分]

- ピーマン‥‥緑2個　赤、黄各1/2個(ヘタと種を取り除き、合わせて200g。どれか1色のみでも可)
- オリーブオイル‥‥大さじ2
- プチトマト‥‥10個(ヘタを取っておく)
- 黒オリーブ(種なし)‥‥8粒
- ガーリックフレーク(市販品)‥‥10枚(2g)
- アンチョビ‥‥4枚(15g)
- 塩、こしょう‥‥各適量
- 卵‥‥2個
- 白ワイン‥‥50㎖
- オリーブオイル‥‥50㎖
- パルミジャーノレジャーノチーズ(すりおろしたもの)‥‥50g
- エルブドプロヴァンス‥‥大さじ1
- A　薄力粉‥‥150g
- 　　ベーキングパウダー‥‥小さじ2
- 　　粗塩‥‥小さじ1
- こしょう‥‥少々

作り方

1. ピーマンは厚さ3mmの輪切りにし、温めたフライパンに大さじ2のオリーブオイルを入れて中火で炒め、軽く塩、こしょうをする。キッチンペーパーを敷いたバットに広げて冷ます。ピーマン少々と黒オリーブ3〜4個は飾り用に別にしておく。
2. ボウルに卵を割り入れ、泡立て器で溶きほぐす。
3. 2に白ワインを加えて混ぜ、次にオリーブオイルを加えて混ぜる。
4. パルミジャーノレジャーノチーズとエルブドプロヴァンスを加えて混ぜる。
5. ゴムべらに替え、1のピーマン、プチトマト、黒オリーブ、ガーリックフレークを加えて混ぜる。
6. 合わせてふるっておいたAとこしょうを加え、ゴムべらで切るように混ぜる。
7. オーブンシートを敷いた型に6の生地の半量を入れ、アンチョビ4枚を並べ、残りの生地を入れる。型の底を作業台にしっかり叩きつけて空気を抜く。上に飾り用のピーマンと黒オリーブをのせる。
8. 180℃に温めておいたオーブンで40分焼く。焼き上がったら型ごとケーキクーラーにのせ、7分たったら型から出してオーブンシートをはずし、冷ます。

＊エルブドプロヴァンスはタイム、ローリエ、バジル、サリエットなどをミックスしたフランス・プロヴァンス地方のドライハーブ。

ボロネーズ P.17

材料[8cm×18cm×8cmのパウンド型1台分]

- 玉ねぎのみじん切り‥‥大1/2個分(約150g)
- 合いびき肉‥‥180g
- オリーブオイル‥‥大さじ3
- ナツメグパウダー‥‥少々
- 赤ワイン‥‥大さじ2
- プチトマト‥‥8個(ヘタを取っておく)
- 塩、こしょう‥‥各適量
- 飾り用
- トマト‥‥大1/2個(輪切りにして3枚)
- 卵‥‥2個
- 赤ワイン‥‥80㎖
- オリーブオイル‥‥70㎖
- パルミジャーノレジャーノチーズ(すりおろしたもの)‥‥50g
- A　薄力粉‥‥150g
- 　　ベーキングパウダー‥‥小さじ2
- 　　粗塩‥‥小さじ1
- こしょう‥‥少々

作り方

1. 温めたフライパンにオリーブオイル大さじ1 1/2を入れて中火にかけ、玉ねぎのみじん切りを入れて透き通るまで炒め、軽く塩、こしょうをし、キッチンペーパーを敷いたバットに広げて冷ましておく。続けて同じフライパンにオリーブオイル大さじ1 1/2を加え、合いびき肉を入れてぽろぽろになるまで中火で炒め、軽く塩、こしょうをし、ナツメグパウダーと赤ワイン大さじ2を入れ、汁気を煮とばす。キッチンペーパーを敷いたバットに広げて冷ます。
2. ボウルに卵を割り入れ、泡立て器で溶きほぐす。
3. 2に赤ワインを加えて混ぜ、次にオリーブオイルを入れて混ぜる。
4. パルミジャーノレジャーノチーズは飾り用に山盛り大さじ1を残して加え、混ぜる。
5. ゴムべらに替え、1の玉ねぎと合いびき肉、プチトマトを加えて混ぜる。
6. 合わせてふるっておいたAとこしょうを加え、ゴムべらで切るように混ぜる。
7. オーブンシートを敷いた型に入れ、型の底を作業台にしっかり叩きつけて空気を抜く。
8. 上に飾り用の輪切りのトマトをのせ、残しておいたパルミジャーノレジャーノチーズをふる。
9. 180℃に温めておいたオーブンで40分焼く。焼き上がったら型ごとケーキクーラーにのせ、7分たったら型から出してオーブンシートをはずし、冷ます。

クアットロ・フンギ P.18

材料 [8cm×18cm×8cmのパウンド型1台分]

- シャンピニオン（マッシュルーム）‥‥8個
- 舞茸‥‥1パック
- 本しめじ‥‥½パック
  （きのこは合わせて約300g）
- ドライポルチーニ‥‥5g
- オリーブオイル‥‥大さじ2
- ドライポルチーニの戻し汁‥‥大さじ2
- 塩、こしょう‥‥各適量
- 卵‥‥2個
- 白ワイン‥‥50㎖
- オリーブオイル‥‥80㎖
- グリエールチーズ（すりおろしたもの）‥‥50g
- 粒マスタード‥‥大さじ2
- A ┃ 薄力粉‥‥150g
  ┃ ベーキングパウダー‥‥小さじ2
  ┃ 粗塩‥‥小さじ1
- こしょう‥‥少々

作り方

1. ドライポルチーニは流水でよく土を洗い流してから、ひたひたのぬるま湯に10〜15分浸けて戻す。水気を手でよく絞り、ざく切りにする。戻し汁はキッチンペーパーで漉す。きのこは石突きを切り落とし、シャンピニオンは縦4等分に切り、舞茸、本しめじはさばく。温めたフライパンにオリーブオイル大さじ2を入れて中火で炒め、軽く塩、こしょうをする。ドライポルチーニの戻し汁大さじ2を入れて汁気を煮とばす。キッチンペーパーを敷いたバットに広げて冷ます。
2. ボウルに卵を割り入れ、泡立て器で溶きほぐす。
3. **2**に白ワインを加えて混ぜ、次にオリーブオイルを加えて混ぜる。
4. 飾り用に大さじ1を残したグリエールチーズと粒マスタードを加えて混ぜる。
5. ゴムべらに替え、**1**のきのこを加えて混ぜる。
6. 合わせてふるっておいた**A**とこしょうを加え、切るように混ぜる。
7. オーブンシートを敷いた型に入れ、型の底を作業台にしっかり叩きつけて空気を抜く。上に飾り用のグリエールチーズをふる。
8. 180℃に温めておいたオーブンで40分焼く。焼き上がったら型ごとケーキクーラーにのせ、7分たったら型から出してオーブンシートをはずし、冷ます。

1.

グレック P.19

材料 [8cm×18cm×8cmのパウンド型1台分]

- ほうれん草‥‥1束（300g）
- 松の実‥‥40g
- 塩‥‥適量
- 卵‥‥2個
- オリーブオイル‥‥100㎖
- フェタチーズ（またはクリームチーズ）‥‥100g
- A ┃ 薄力粉‥‥150g
  ┃ ベーキングパウダー‥‥小さじ2
  ┃ 粗塩‥‥小さじ⅔
- こしょう‥‥少々

作り方

1. ほうれん草は塩茹でし、約4cmの長さに切り、水気を手でよく絞る。フェタチーズは1cm角に切る。松の実は140℃のオーブンで15分ローストしておく。
2. ボウルに卵を割り入れ、泡立て器で溶きほぐす。
3. **2**にオリーブオイルを加えて混ぜる。
4. ゴムべらに替え、**1**のほうれん草、フェタチーズ、松の実を加えて混ぜる。
5. 合わせてふるっておいた**A**とこしょうを加え、切るように混ぜる。
6. オーブンシートを敷いた型に入れ、型の底を作業台にしっかり叩きつけて空気を抜く。
7. 180℃に温めておいたオーブンで40分焼く。焼き上がったら型ごとケーキクーラーにのせ、7分たったら型から出してオーブンシートをはずし、冷ます。

フェタチーズは羊や山羊の乳で作る、ギリシャの代表的なフレッシュチーズ。白く、塩水の中で熟成させるので塩味が強い。

 1.

ミートボール
作り方>P.26

Boulettes de viande et légumes

肉とたっぷりの野菜を詰め込んだ、一切れでバランスのいいケーク。
プチベールはキャベツに似た食感の新しい葉もの野菜。
芽キャベツやスナップエンドウに替えるのもおすすめ。

エビとグリーンピースにミント 作り方＞P.26
Crevettes, menthe et petits pois

さわやかな風味のフレッシュミントをたっぷり加えて味のアクセントに。
タイムやバジルに替えるのもおすすめ。

生クリーム‥‥

とろりホワイトソースとカニ 作り方＞P.27
Cœur fondant crabe et béchamel

焼きたての熱々のうちに真ん中から切って食べてください。
とろん、と中からホワイトソースが現れるのです！

‥‥白ワイン＆溶かしバター

とろりカレー 作り方＞P.27
Cœur fondant au curry

カレーを少し取っておいて作るのがおすすめ。
かりっと焼けたパン粉が食感のアクセントです。

白ワイン＆溶かしバター‥‥

ミートボール P.22

材料[8cm×18cm×8cmのパウンド型1台分]

市販のミートボール
 ‥‥8個（約180g）
プチベール（または芽キャベツ）
 ‥‥4個
ペコロス（小玉ねぎ）‥‥8個
にんじん‥‥1/2本（約100g）
塩‥‥適量
卵‥‥2個
白ワイン‥‥60㎖
オリーブオイル‥‥50㎖
ピザ用チーズ‥‥70g
A┌薄力粉‥‥150g
 │ベーキングパウダー
 │ ‥‥小さじ2
 └粗塩‥‥小さじ2/3
こしょう‥‥少々

作り方

1. ミートボールは熱湯をかけ、周りについているたれを洗い流し、キッチンペーパーで水気を拭く。プチベール、薄皮をむいたペコロス、縦4等分に切ったにんじんは、それぞれ竹串がすっと通るまで蒸すか茹でて、軽く塩をしておく。キッチンペーパーを敷いたバットにのせて余分な水気をとる。
2. ボウルに卵を割り入れ、泡立て器で溶きほぐす。
3. 2に白ワインを加えて混ぜ、次にオリーブオイルを加えて混ぜる。
4. 飾り用に大さじ2を残したピザ用チーズを加えて混ぜる。
5. ゴムべらに替え、1のミートボール、プチベール、ペコロス、にんじんを加えて混ぜる。
6. 合わせてふるっておいたAとこしょうを加え、切るように混ぜる。
7. オーブンシートを敷いた型に入れ、型の底を作業台にしっかり叩きつけて空気を抜く。
8. 上に飾り用のピザ用チーズを散らす。
9. 180℃に温めておいたオーブンで40分焼く。焼き上がったら型ごとケーキクーラーにのせ、7分たったら型から出してオーブンシートをはずし、冷ます。

1.

エビとグリーンピースにミント P.23

材料[8cm×18cm×8cmのパウンド型1台分]

むきエビ‥‥25尾
オリーブオイル‥‥大さじ1
白ワイン‥‥大さじ2
グリーンピース（生）
 ‥‥正味50g（約1/4カップ分）
ミント（フレッシュ）
 ‥‥小さい葉40枚
塩、こしょう‥‥各適量
卵‥‥2個
生クリーム‥‥100㎖
リコッタチーズ
 （またはシェーブルチーズ、
 カッテージチーズ）‥‥100g
A┌薄力粉‥‥150g
 │ベーキングパウダー
 │ ‥‥小さじ2
 └粗塩‥‥小さじ2/3
こしょう‥‥少々

作り方

1. むきエビは洗ってキッチンペーパで水気を拭き、温めたフライパンにオリーブオイル大さじ1を入れて中火で炒め、白ワイン大さじ2を加えて汁気を煮とばし、塩、こしょうをする。グリーンピースは塩茹でする。それぞれキッチンペーパーを敷いたバットに広げて冷ます。
2. ボウルに卵を割り入れ、泡立て器で溶きほぐす。
3. 2に生クリームを加えて混ぜる。
4. 3に飾り用に大さじ2を残したリコッタチーズを加えて混ぜる。
5. ゴムべらに替え、1のむきエビとグリーンピース、ミントの葉を加えて混ぜる。
6. 合わせてふるっておいたAを加え、切るように混ぜる。
7. オーブンシートを敷いた型に入れ、型の底を作業台にしっかり叩きつけて空気を抜く。
8. 180℃に温めておいたオーブンで40分焼く。焼き上がったら型ごとケーキクーラーにのせ、7分たったら型から出してオーブンシートをはずし、冷ます。

5.

とろりホワイトソースとカニ　P.24

材料［ノンスティック加工の口径7cmのマフィン型：
容量約100ml、6個分］

- ホワイトソース
  （缶詰でもよい／作り方P.58）
  ‥‥180ml
- カニ肉
  （ほぐしたもの／缶詰でもよい）
  ‥‥大さじ4（約50g）
- 卵‥‥2個
- 白ワイン‥‥50ml
- 溶かしバター‥‥50ml（50g）
- パセリのみじん切り‥‥大さじ1
- A ┌ 薄力粉‥‥150g
    │ ベーキングパウダー
    │ 　‥‥小さじ2
    └ 粗塩‥‥小さじ2/3
- こしょう‥‥少々
- 飾り用
  ピザ用チーズ‥‥大さじ3

作り方

1. 小さめのバットにホワイトソースを流し入れ、冷めたらラップフィルムをし、冷蔵庫に約30分入れて冷やす。
2. カニ肉は水分が多いようなら、絞っておく。
3. ボウルに卵を割り入れ、泡立て器で溶きほぐす。
4. **3**に白ワインを加えて混ぜ、次に人肌にした溶かしバターを加えて混ぜる。
5. パセリのみじん切りを加えて混ぜる。
6. ゴムべらに替え、合わせてふるっておいたAとこしょうを加え、切るように混ぜる。
7. 型に1/12量の**6**の生地を入れ、中央にホワイトソースの1/6量とカニ肉の1/6量をのせる。
8. その上に残りの生地をのせる。これを6個作る。型の底を作業台にしっかり叩きつけて空気を抜く。飾り用のチーズをのせる。
9. 180℃に温めておいたオーブンで20分焼く。焼き上がったらそっと型から出し、熱いうちにいただく。

とろりカレー　P.25

材料［ノンスティック加工の口径7cmのマフィン型：
容量約100ml、6個分］

- カレー（レトルトでもよい／作り方P.58）‥‥180ml
- 卵‥‥2個
- 白ワイン‥‥50ml
- 溶かしバター‥‥50ml（50g）
- A ┌ 薄力粉‥‥150g
    │ ベーキングパウダー‥‥小さじ2
    └ 粗塩‥‥小さじ2/3
- こしょう‥‥少々
- 飾り用
  ピザ用チーズ‥‥大さじ2
  生パン粉‥‥大さじ5

作り方

1. 小さめのバットにカレーを流し入れ、冷めたらラップフィルムをし、冷蔵庫に約30分入れて冷やす。（具は小さめにカットしておく。）
2. ボウルに卵を割り入れ、泡立て器で溶きほぐす。
3. **2**に白ワインを加えて混ぜ、次に人肌にした溶かしバターを加えて混ぜる。
4. ゴムべらに替え、合わせてふるっておいたAとこしょうを加え、切るように混ぜる。
5. 型に1/12量の**4**の生地を入れ、中央にカレーソースの1/6量をのせる。
6. その上に残りの生地をのせる。これを6個作る。型の底を作業台にしっかり叩きつけて空気を抜く。飾り用のチーズをのせ、生パン粉を散らす。
7. 180℃に温めておいたオーブンで20分焼く。焼き上がったらそっと型から出し、熱いうちにいただく。

7.
8.

5.
6.

ツナとキャベツにマヨネーズソース 作り方＞P.32
Thon, choux, mayonnaise

切り口の楽しいケーク。巻いたキャベツの食感も楽しんでください。
仕上げのソースはお好みで。なくてもおいしいです。

チキンとシャンピニオンにコニャック 作り方＞P.32
Poulet, champignons, cognac

焼き上げてすぐ、たっぷりのコニャックをしみ込ませて仕上げる、
香り豊かなオトナの贅沢ケーキ。

生クリーム‥‥

ズッキーニとシェーブルチーズ 作り方>P.33
Courgettes et fromage de chèvre

見た目も味わいもさわやかなケーク。
シェーブルチーズはかたまりのまま、大胆に詰めてみました。
お好みでクリームチーズに替えるのもおすすめです。

なすとサラミにドライトマト 作り方>P.33
L'autre lyonnais : aubergine et saucisson

サラミの旨味と塩気、香りがアクセント。
しっかりタイプの白ワインや赤ワイン、シェリー酒にも合う
オールマイティーケーク。

ツナとキャベツにマヨネーズソース P.28

材料 [8cm×18cm×8cmのパウンド型1台分]
- キャベツの葉‥‥大4枚
- スライスチーズ‥‥8枚
- ツナ‥‥正味100g
  （缶汁を絞っておく）
- 塩‥‥適量
- 卵‥‥2個
- マヨネーズ‥‥60g
- オリーブオイル‥‥60mℓ
- A
  - 薄力粉‥‥150g
  - ベーキングパウダー‥‥小さじ2
  - 粗塩‥‥小さじ2/3
- こしょう‥‥少々
- マヨネーズソース
  - マヨネーズ‥‥大さじ1
  - 牛乳‥‥小さじ2
  - （または生クリーム大さじ1）

作り方
1. キャベツの葉は茹でるか蒸して、軽く塩をする。キッチンペーパーを敷いたバットに広げて水気をしっかり拭き、冷ます。葉を縦半分に切り、芯の部分を取り除いて重ねる。スライスチーズを2枚重ねてのせて巻く。これを4本作る。
2. ボウルに卵を割り入れ、泡立て器で溶きほぐす。
3. 2にマヨネーズを加えて混ぜ、次にオリーブオイルを加えて混ぜる。
4. ツナを加えて混ぜる。
5. ゴムべらに替え、合わせてふるっておいたAとこしょうを加え、切るように混ぜる。
6. オーブンシートを敷いた型に5の生地の1/3量を入れ、1を2本縦に並べる。残りの生地の半量を入れ、同様に1を2本入れ、残りの生地を流し入れる。型の底を作業台にしっかり叩きつけて空気を抜く。
7. 180℃に温めておいたオーブンで40分焼く。焼き上がったら型ごとケーキクーラーにのせ、7分たったら型から出してオーブンシートをはずし、冷ます。
8. マヨネーズソースを作る。マヨネーズ大さじ1と牛乳小さじ2（または生クリーム大さじ1）を混ぜ合わせて、上からかける。

チキンとシャンピニオンにコニャック P.29

材料 [8cm×18cm×8cmのパウンド型1台分]
- くるみ‥‥40g
- 鶏もも肉‥‥1枚（約250g）
- シャンピニオン
  （マッシュルーム）
  ‥‥6個（約140g）
- サラダオイル‥‥少々
- コニャック
  （またはブランデー）
  ‥‥大さじ5
- 塩、こしょう‥‥各適量
- 卵‥‥2個
- 生クリーム‥‥150mℓ
- グリエールチーズ
  （すりおろしたもの）‥‥50g
- A
  - 薄力粉‥‥150g
  - ベーキングパウダー‥‥小さじ2
  - シナモンパウダー‥‥少々
    （なくてもよい）
  - 粗塩‥‥小さじ2/3
- こしょう‥‥少々

作り方
1. くるみは140℃のオーブンで15分ローストしておく。鶏肉は余分な脂と筋を取り除き厚さ1cmに切り、軽く塩、こしょうをする。シャンピニオンは石突きを切り落として4〜6等分に切る。温めたフライパンにサラダオイルを入れ、シャンピニオンを中火で炒め、軽く塩、こしょうをする。キッチンペーパーを敷いたバットに広げて冷ます。続けて同じフライパンで鶏肉をしっかり炒め、コニャック大さじ2を加えて汁気を煮とばし、火を止めて冷ます。
2. ボウルに卵を割り入れ、泡立て器で溶きほぐす。
3. 2に生クリームを加えて混ぜる。
4. グリエールチーズを加えて混ぜる。
5. ゴムべらに替え、1のシャンピニオン、鶏肉、ローストしたくるみを加えて混ぜる。
6. 合わせてふるっておいたAとこしょうを加え、切るように混ぜる。
7. オーブンシートを敷いた型に入れ、型の底を作業台にしっかり叩きつけて空気を抜く。
8. 180℃に温めておいたオーブンで40分焼く。焼き上がったら型ごとケーキクーラーにのせ、仕上げ用のコニャック大さじ3をしみ込ませる（コニャックは熱いうちに上からかけてしみ込ませ、アルコール分をとばす）。10分たったら型から出してオーブンシートをはずし、冷ます。

1.

6.

8.

1.

8.

ズッキーニとシェーブルチーズ　P.30

材料［8cm×18cm×8cmのパウンド型1台分］

ズッキーニ‥‥2本
　（ヘタの部分を取り
　　正味350g）
オリーブオイル‥‥大さじ1
塩、こしょう‥‥各適量
卵‥‥2個
白ワイン‥‥50ml
オリーブオイル‥‥50ml
シェーブルチーズ
　（棒状のもの）‥‥110g
　（またはクリームチーズ）
A ┌ 薄力粉‥‥100g
　├ コーンフラワー粉
　│　（中挽き）‥‥50g
　├ ベーキングパウダー‥‥小さじ2
　└ 粗塩‥‥小さじ2/3
こしょう‥‥少々

作り方

1. ズッキーニは厚さ3mmの輪切りにし、温めたフライパンにオリーブオイル大さじ1を入れて中火でしんなりするまで炒め、軽く塩、こしょうをする。キッチンペーパーを敷いたバットに広げて冷ます。飾り用に12枚別にしておく。シェーブルチーズは縦半分に切る。
2. ボウルに卵を割り入れ、泡立て器で溶きほぐす。
3. **2**に白ワインを加えて混ぜ、次にオリーブオイルを加えて混ぜる。
4. ゴムべらに替え、**1**のズッキーニを加えて混ぜる。
5. 合わせてふるっておいたAとこしょうを加え、切るように混ぜる。
6. オーブンシートを敷いた型に**5**の生地の半量を入れ、シェーブルチーズを中央に並べる。残りの生地を入れ、型の底を作業台にしっかり叩きつけて空気を抜く。
7. 上に飾り用のズッキーニをのせる。
8. 180℃に温めておいたオーブンで40分焼く。焼き上がったら型ごとケーキクーラーにのせ、7分たったら型から出してオーブンシートをはずし、冷ます。

シェーブルチーズは山羊の乳で作る、やわらかく山羊独特の風味があるチーズ。

なすとサラミにドライトマト　P.31

材料［8cm×18cm×8cmのパウンド型1台分］

なす‥‥3本
　（ヘタの部分をとり
　　正味300g）
オリーブオイル‥‥大さじ2
塩、こしょう‥‥各適量
サラミ‥‥50g
ドライトマト
　（オイル漬け）‥‥3枚
卵‥‥2個
白ワイン‥‥50ml
オリーブオイル‥‥50ml
パルミジャーノレジャーノチーズ
　（すりおろしたもの）‥‥50g
A ┌ 薄力粉‥‥150g
　├ ベーキングパウダー‥‥小さじ2
　└ 粗塩‥‥小さじ2/3
こしょう‥‥少々

作り方

1. なすは厚さ1cmの輪切りにし、温めたフライパンにオリーブオイル大さじ2を入れて中火でしんなりするまで炒め、軽く塩、こしょうをする。キッチンペーパーを敷いたバットに広げて冷ます。飾り用に7〜8枚別にしておく。ドライトマトはオイルをキッチンペーパーでよく拭き、粗みじん切りにする。サラミは薄切りにし、大きいようなら2等分する。
2. ボウルに卵を割り入れ、泡立て器で溶きほぐす。
3. **2**に白ワインを加えて混ぜ、次にオリーブオイルを加えて混ぜる。
4. パルミジャーノレジャーノチーズを加えて混ぜる。
5. ゴムべらに替え、**1**のなす、サラミ、ドライトマトを加えて混ぜる。
6. 合わせてふるっておいたAとこしょうを加え、切るように混ぜる。
7. オーブンシートを敷いた型に入れ、型の底を作業台にしっかり叩きつけて空気を抜く。
8. 飾り用のなすをのせる。
9. 180℃に温めておいたオーブンで40分焼く。焼き上がったら型ごとケーキクーラーにのせ、7分たったら型から出してオーブンシートをはずし、冷ます。

クアットロ・フォルマッジ 作り方>P.38
Quatre fromages

4種類のチーズを加えました。チーズや量はお好みで。
ちょっとずつ冷蔵庫に残ってしまったチーズを集めて作っても。

ガーデンフレッシュハーブ 作り方＞P.38
Délice du jardinier : aux fines herbes

庭やベランダで育てた
元気で香りのいいハーブを
たっぷり混ぜ込みました。
香りの良さはなんとも言えません！
チーズをのせて食べるのもおすすめ。

無糖ヨーグルト＆オリーブオイル‥‥

ゴルゴンゾーラとアプリコットにキルシュ 作り方>P.39
Fromage bleu et abricots au kirsch

ぴりっと辛みのあるゴルゴンゾーラ・ピカンテを使いました。
チーズの塩気と風味、アプリコットの甘みと酸味の組み合わせを楽しんでください。

‥‥生クリーム＆無糖ヨーグルト

セロリとコンビーフ 作り方>P.39
Corned - beef et céleri

オトナになって気づいたセロリのおいしさ。
葉も使ってたっぷり加えました。食感が残るよう、炒め過ぎに注意。

クアットロ・フォルマッジ　P.34

材料［8cm×18cm×8cmのパウンド型1台分］
ミモレット、ブルーチーズ、パルミジャーノレジャーノチーズ、
　クリームチーズ‥‥各50ｇ（合わせて200ｇ）
カレンズ（またはレーズン）‥‥30ｇ

卵‥‥2個
生クリーム‥‥100㎖
グレープシードオイル‥‥50㎖
A ┬ 薄力粉‥‥150ｇ
　├ ベーキングパウダー‥‥小さじ2
　└ 粗塩‥‥小さじ2/3
こしょう‥‥少々
飾り用
　アーモンドスライス（生）‥‥20ｇ

作り方
1. チーズはそれぞれ1cm角に切る。
2. ボウルに卵を割り入れ、泡立て器で溶きほぐす。
3. **2**に生クリームを加えて混ぜ、次にグレープシードオイルを加えて混ぜる。
4. ゴムべらに替え、**1**のチーズ、カレンズを加えて混ぜる。
5. 合わせてふるっておいた**A**とこしょうを加え、切るように混ぜる。
6. オーブンシートを敷いた型に入れ、型の底を作業台にしっかり叩きつけて空気を抜く。
7. 上に飾り用のアーモンドスライスを散らす。
8. 180℃に温めておいたオーブンで40分焼く。焼き上がったら型ごとケーキクーラーにのせ、7分たったら型から出してオーブンシートをはずし、冷ます。

ガーデンフレッシュハーブ　P.35

材料［8cm×18cm×8cmのパウンド型1台分］
フレッシュハーブ
　（セルフィーユ、パセリ、ミント、
　バジル、ディル、セージ、タイム、
　イタリアンパセリ、ローズマリー
　など）‥‥約40ｇ

A ┬ 薄力粉‥‥150ｇ
　├ ベーキングパウダー
　│　‥‥小さじ2
　└ 粗塩‥‥小さじ1
こしょう‥‥少々
ソース
　クリームチーズ‥‥50ｇ
　牛乳‥‥大さじ1〜2
　塩、こしょう‥‥各適量
飾り用
　フレッシュハーブ‥‥適宜

卵‥‥2個
無糖ヨーグルト‥‥100㎖
オリーブオイル‥‥50㎖

作り方
1. ハーブは飾り用を除いて、それぞれ葉をつまむか、しごいて合わせて30ｇ用意する。
2. ボウルに卵を割り入れ、泡立て器で溶きほぐす。
3. **2**に無糖ヨーグルトを加えて混ぜ、次にオリーブオイルを加えて混ぜる。
4. ゴムべらに替え、**1**のハーブを加えて混ぜる。
5. 合わせてふるっておいた**A**とこしょうを加え、切るように混ぜる。
6. オーブンシートを敷いた型に入れ、型の底を作業台にしっかり叩きつけて空気を抜く。
7. 180℃に温めておいたオーブンで40分焼く。焼き上がったら型ごとケーキクーラーにのせ、7分たったら型から出してオーブンシートをはずし、冷ます。
8. ソースを作る。室温にしておいたクリームチーズに牛乳を混ぜてなめらかに溶き、塩、こしょうで味を調える。上からかけ、ハーブを飾る。

セルフィーユ、パセリ、ミント、バジル、ディル、セージ、タイム、イタリアンパセリ、ローズマリー

ゴルゴンゾーラとアプリコットにキルシュ　P.36

材料［8cm×18cm×8cmのパウンド型1台分］
ゴルゴンゾーラチーズ・ピカンテタイプ
　（または好みのブルーチーズ）‥‥100g
ソフトドライアプリコット‥‥10個（約90g）

卵‥‥2個
無糖ヨーグルト‥‥50㎖
生クリーム‥‥100㎖
A┬薄力粉‥‥150g
　├ベーキングパウダー‥‥小さじ2
　└粗塩‥‥小さじ2/3
こしょう‥‥少々

キルシュ（またはコアントロー、グランマニエ）‥‥大さじ3

作り方
1. ゴルゴンゾーラチーズは1.5cm角に切る。
2. ボウルに卵を割り入れ、泡立て器で溶きほぐす。
3. 2に無糖ヨーグルトを加えて混ぜ、次に生クリームを加えて混ぜる。
4. ゴムべらに替え、1のゴルゴンゾーラチーズ、アプリコットを加えて混ぜる。
5. 合わせてふるっておいたAとこしょうを加え、切るように混ぜる。
6. オーブンシートを敷いた型に入れ、型の底を作業台にしっかり叩きつけて空気を抜く。
7. 180℃に温めておいたオーブンで40分焼く。焼き上がったら型ごとケーキクーラーにのせ、キルシュ大さじ3をしみ込ませる（キルシュは熱いうちに上からかけてしみ込ませ、アルコール分をとばす）。10分たったら型から出してオーブンシートをはずし、冷ます。

セロリとコンビーフ　P.37

材料［8cm×18cm×8cmのパウンド型1台分］
セロリ‥‥1本（正味250g）
オリーブオイル‥‥大さじ1
コンビーフ（缶詰）‥‥100g
グリーンオリーブ（種なし）
　‥‥8粒
塩、こしょう‥‥各適量

卵‥‥2個
白ワイン‥‥50㎖
オリーブオイル‥‥50㎖
グリエールチーズ
　（すりおろしたもの）‥‥100g
A┬薄力粉‥‥150g
　├ベーキングパウダー‥‥小さじ2
　└粗塩‥‥小さじ1
こしょう‥‥少々

作り方
1. セロリは筋を取り除いて斜め薄切りにし、葉はざく切りにする。温めたフライパンにオリーブオイル大さじ1を入れて中火でしんなりするまで炒め、軽く塩、こしょうをする。キッチンペーパーを敷いたバットに広げて冷ます。コンビーフは粗くほぐしておく。グリーンオリーブはキッチンペーパーで汁気を拭く。
2. ボウルに卵を割り入れ、泡立て器で溶きほぐす。
3. 2に白ワインを加えて混ぜ、次にオリーブオイルを加えて混ぜる。
4. グリエールチーズを加えて混ぜる。
5. ゴムべらに替え、1のセロリとコンビーフを加えて混ぜる。
6. 合わせてふるっておいたAとこしょうを加え、切るように混ぜる。
7. オーブンシートを敷いた型に6の生地の半量を入れ、グリーンオリーブを中央に並べ入れ、残りの生地を入れる。型の底を作業台にしっかり叩きつけて空気を抜く。
8. 180℃に温めておいたオーブンで40分焼く。焼き上がったら型ごとケーキクーラーにのせ、7分たったら型から出してオーブンシートをはずし、冷ます。

カマンベールと
ナッツにカルヴァドス
作り方＞P.44

**Camembert,
noix diverses
et calvados**

カマンベールと
カルヴァドスは、ともにフランス・
ノルマンディー地方の特産品。
焼き上がりにカルヴァドスを
たっぷりしみ込ませて仕上げます。

デーツとベーコンにバルサミコ 作り方>P.44
Dattes et lard fumé aux saveurs balsamiques

デーツはなつめの実のこと。
バルサミコで風味にアクセントをつけました。
プルーンに替えてもおいしいので、ぜひ試してみてください。

マロンピカンテ 作り方>P.45
Marrons doux et saveur pimentée

あえぐ甘露煮の甘い栗を使い、一味唐辛子を加えて、味のバランスを取りました。
時々甘くて、時々ぴりっとするおいしさを試してみてください。

・・・・生クリーム＆オリーブオイル

マルゲリータ 作り方>P.45

Façon «Margherita» : mozzarelle et basilic

ピッツアの定番、モッツァレラチーズと
トマトとバジルをケークにしました。
上にふる粗粒塩が食感と味のアクセント。

カマンベールとナッツにカルヴァドス　P.40

材料［8cm×18cm×8cmのパウンド型1台分］

- カマンベールチーズ‥‥250g
- 好みのナッツ‥‥合わせて約60g
  （ピーカンナッツ20粒〈約20g〉、
  アーモンド20粒〈約20g〉、
  ピスタチオ15g〈約50粒〉を使用）
- アプリコットジャム‥‥大さじ2
- 卵‥‥2個
- 生クリーム‥‥100㎖
- A ┃ 薄力粉‥‥110g
  ┃ アーモンドプードル‥‥40g
  ┃ ベーキングパウダー‥‥小さじ2
  ┃ 粗塩‥‥小さじ2/3
- こしょう‥‥少々
- カルヴァドス（またはラム酒、コアントロー）‥‥大さじ3

作り方

1. チーズは12等分に切る。ピーカンナッツとアーモンドは140℃のオーブンで15分ローストしておく。ナッツを飾り用に少し残しておく。
2. ボウルに卵を割り入れ、泡立て器で溶きほぐす。
3. 2に生クリームを加えて混ぜる。
4. ゴムべらに替え、合わせてふるっておいたAとこしょうを加え、切るように混ぜる。
5. オーブンシートを敷いた型に4の生地の1/3量を入れ、カマンベールチーズ4切れを並べ、ナッツの半量を散らす。残りの生地の1/2量を入れて4切れのカマンベールチーズを並べてナッツを散らし、中央にアプリコットジャムを入れ、残りの生地を入れる。型の底を作業台にしっかり叩きつけて空気を抜く。上にカマンベールチーズ4切れと飾り用のナッツをのせる。
6. 180℃に温めておいたオーブンで40分焼く。焼き上がったら型ごとケーキクーラーにのせ、カルヴァドス大さじ3をしみ込ませる（カルヴァドスは熱いうちに上からかけてしみ込ませ、アルコール分をとばす）。10分たったら型から出してオーブンシートをはずし、冷ます。

＊カルヴァドスはフランス・ノルマンディー地方のカルヴァドス地区で作られた、りんごの発泡酒シードルから作る香りの強い蒸留酒。

デーツとベーコンにバルサミコ　P.41

材料［8cm×18cm×8cmのパウンド型1台分］

- ソフトドライデーツ（種なし）‥‥6個（約100g）
- ベーコン（かたまり）‥‥150g
- 卵‥‥2個
- バルサミコビネガー‥‥大さじ1
- 生クリーム‥‥50㎖
- グレープシードオイル‥‥50㎖
- A ┃ 薄力粉‥‥110g
  ┃ 全粒粉‥‥40g
  ┃ ベーキングパウダー‥‥小さじ2
  ┃ 粗塩‥‥小さじ2/3
- こしょう‥‥少々
- 飾り用
  オートミール‥‥大さじ3

作り方

1. ベーコンは1cmの棒状に切り、フライパンに入れて中火にかけ、じっくりと脂を出すように炒める。キッチンペーパーを敷いたバットに広げ、さらに余分な脂を取る。
2. ボウルに卵を割り入れ、泡立て器で溶きほぐす。
3. 2にバルサミコビネガーを加えて混ぜ、次に生クリームを加えて混ぜ、グレープシードオイルを加えて混ぜる。
4. ゴムべらに替え、1のベーコンとデーツを加えて混ぜる。
5. 合わせてふるっておいたAとこしょうを加え、切るように混ぜる。
6. オーブンシートを敷いた型に入れ、型の底を作業台にしっかり叩きつけて空気を抜く。
7. 上に飾り用のオートミールを散らす。
8. 180℃に温めておいたオーブンで40分焼く。焼き上がったら型ごとケーキクーラーにのせ、7分たったら型から出してオーブンシートをはずし、冷ます。

マロンピカンテ P.42

材料[8cm×18cm×8cmのパウンド型1台分]
栗甘露煮‥‥8粒
生ハム‥‥100g

卵‥‥2個
生クリーム‥‥100㎖
オリーブオイル‥‥50㎖
一味唐辛子‥‥小さじ1$\frac{1}{2}$
A ┌ 薄力粉‥‥150g
　├ ベーキングパウダー‥‥小さじ2
　└ 粗塩‥‥小さじ$\frac{2}{3}$
こしょう‥‥少々
飾り用
　栗甘露煮‥‥2粒
　赤唐辛子(種はとっておく)‥‥2本

作り方
1. 栗甘露煮はキッチンペーパーにとって汁気をきっておく。飾り用の2粒は半分に切っておく。
2. ボウルに卵を割り入れ、泡立て器で溶きほぐす。
3. **2**に一味唐辛子を加えて混ぜ、次に生クリームを加えて混ぜ、オリーブオイルを加えて混ぜる。
4. ゴムべらに替え、合わせてふるっておいたAとこしょうを加え、切るように混ぜる。
5. オーブンシートを敷いた型に**4**の生地の$\frac{1}{3}$量を入れ、栗甘露煮4粒を並べ、生ハムの半量を入れ、残りの生地の半量を入れる。栗甘露煮4粒を並べ、残りの生ハムを入れ、残りの生地を入れる。型の底を作業台にしっかり叩きつけて空気を抜く。
6. 飾り用の栗甘露煮と赤唐辛子をのせる。
7. 180℃に温めておいたオーブンで40分焼く。焼き上がったら型ごとケーキクーラーにのせ、7分たったら型から出してオーブンシートをはずし、冷ます。

マルゲリータ P.43

材料[8cm×18cm×8cmのパウンド型1台分]
モッツァレラチーズ(ミニサイズのもの)
　‥‥1パック(12個、約100g)
プチトマト‥‥10個(ヘタは取っておく)
バジルの葉‥‥20枚(約10g)

卵‥‥2個
オリーブオイル‥‥100㎖
A ┌ 薄力粉‥‥110g
　├ デュラム・セモリナ粉‥‥40g
　├ ベーキングパウダー‥‥小さじ2
　└ 粗塩‥‥小さじ$\frac{1}{2}$
グロセル(粗粒塩)‥‥小さじ$\frac{1}{2}$

作り方
1. ボウルに卵を割り入れ、泡立て器で溶きほぐす。
2. オリーブオイルを加えて混ぜる。
3. ゴムべらに替え、モッツァレラチーズ、プチトマト、バジルの葉を加えて混ぜる。
4. 合わせてふるっておいたAを加え、切るように混ぜる。
5. オーブンシートを敷いた型に入れ、型の底を作業台にしっかり叩きつけて空気を抜く。
6. 上にグロセル(粗粒塩)を散らす。
7. 180℃に温めておいたオーブンで40分焼く。焼き上がったら型ごとケーキクーラーにのせ、7分たったら型から出してオーブンシートをはずし、冷ます。

エビとオリーブにトマト 作り方>P.50
Aux deux couleurs : crevettes, olives noires et tomates

生地を2色にして、風味の違いを楽しめるようにしました。
どんな切り口に仕上がるかは焼き上がってのお楽しみ。

かぼちゃとハムにカレー 作り方>P.50
Aux deux couleurs : potiron et jambon au curry

かぼちゃと生クリームで作る生地とカレー風味の相性がばっちりの2色バージョン。
ハムを炒めたベーコンに替えてもおいしいです。

生クリーム‥‥ **47**

ルッコラと生ハム 作り方＞P.51
Roquette et jambon cru

フレッシュのルッコラをざくざく切って混ぜ込むだけのかんたんケーク。
ぴりっとした辛みが特徴のルッコラ・セルバチカを使いましたが、普通のルッコラでも。

バターコーンに焦がし味噌 作り方>P.51
Le japonais : maïs et miso

バターの風味と味噌の塩気の組み合わせが
不思議においしいケーク。
上に塗った味噌は少し焦がして風味を楽しみましょう。

エビとオリーブにトマト　P.46

材料［8cm×18cm×8cmのパウンド型1台分］
トマトペースト‥‥大さじ1½
むきエビ‥‥10尾（約100ｇ）
オリーブオイル‥‥適量
白ワイン‥‥大さじ2
塩、こしょう‥‥各適量
黒オリーブ（種なし）‥‥8粒
卵‥‥2個
生クリーム‥‥100mℓ
オリーブオイル‥‥50mℓ
A ┬ 薄力粉‥‥150ｇ
　├ ベーキングパウダー‥‥小さじ2
　└ 粗塩‥‥小さじ⅔
こしょう‥‥少々
飾り用
　ピンクペッパー‥‥小さじ2

作り方

1. エビは洗ってキッチンペーパーで水気をよく拭く。温めたフライパンにオリーブオイルを入れて中火で炒め、塩、こしょうをして白ワインを加え、蓋をして中まで火を通す。キッチンペーパーを敷いたバットにとって冷ます。黒オリーブはキッチンペーパーにとって汁気をきる。
2. ボウルに卵を割り入れ、泡立て器で溶きほぐす。
3. 2に生クリームを加えて混ぜ、次にオリーブオイルを加えて混ぜる。
4. ゴムべらに替え、合わせてふるっておいたAとこしょうを加え、切るように混ぜる。
5. 4の生地の⅓量を別のボウルに入れ、トマトペーストを加えて混ぜる。
6. オーブンシートを敷いた型に5の生地の½量を入れ、エビと黒オリーブを並べる。残りの生地を入れて表面を平らにし、型の底を作業台にしっかり叩きつけて空気を抜く。
7. 4の生地を入れ、型の底を作業台にしっかり叩きつけて空気を抜く。
8. 上にピンクペッパーを散らす。
9. 180℃に温めておいたオーブンで40分焼く。焼き上がったら型ごとケーキクーラーにのせ、7分たったら型から出してオーブンシートをはずし、冷ます。

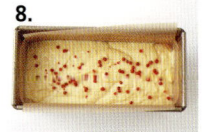

かぼちゃとハムにカレー　P.47

材料［8cm×18cm×8cmのパウンド型1台分］
かぼちゃ‥‥正味240ｇ
（約⅙個分）
カレー粉‥‥大さじ1½
ハム‥‥大判2枚（約25ｇ）
塩‥‥適量
卵‥‥2個
生クリーム‥‥150mℓ
パルミジャーノレジャーノチーズ
　（すりおろしたもの）‥‥50ｇ
A ┬ 薄力粉‥‥150ｇ
　├ ベーキングパウダー‥‥小さじ2
　└ 粗塩‥‥小さじ⅔
こしょう‥‥少々
飾り用
　ローズマリー‥‥2本

作り方

1. かぼちゃはラップフィルムでふわりとくるんで電子レンジで芯まで竹串がすっと通るようになるまで3～4分加熱する。これを5mm幅にスライスし、広げて軽く塩をふる。飾り用に2切れ残しておく。ハムは5mm角に切る。
2. ボウルに卵を割り入れ、泡立て器で溶きほぐす。
3. 2に生クリームを加えて混ぜる。
4. 飾り用に大さじ1を残したパルミジャーノレジャーノチーズを加えて混ぜる。
5. ゴムべらに替え、合わせてふるったAとこしょうを加え、切るように混ぜる。
6. 5の生地の⅓量を別のボウルに入れ、カレー粉を加えて混ぜる。
7. オーブンシートを敷いた型に6の生地の⅓量を入れ、かぼちゃの半量を並べてハムの半量を散らす。残りの生地の半量を入れ、残りのかぼちゃとハムを同様に入れ、残りの生地を入れて表面を平らにし、型の底を作業台にしっかり叩きつけて空気を抜く。
8. 5の生地を入れ、型の底を作業台にしっかり叩きつけて空気を抜く。
9. 上に飾り用のパルミジャーノレジャーノチーズを散らし、かぼちゃとローズマリーをのせる。
10. 180℃に温めておいたオーブンで40分焼く。焼き上がったら型ごとケーキクーラーにのせ、7分たったら型から出してオーブンシートをはずし、冷ます。

ルッコラと生ハム P.48

材料［8cm×18cm×8cmのパウンド型1台分］
ルッコラ（セルバチコ）・・・・60g
生ハム・・・・100g
グリーンオリーブ（種なし）・・・・8粒

卵・・・・2個
白ワイン・・・・50ml
オリーブオイル・・・・50ml
パルミジャーノレジャーノチーズ（すりおろしたもの）・・・・50g
A ┌ 薄力粉・・・・150g
　├ ベーキングパウダー・・・・小さじ2
　└ 粗塩・・・・小さじ2/3
こしょう・・・・少々

作り方
1. ルッコラは根元を切り落とし、長さ4cmのざく切りにする。グリーンオリーブはキッチンペーパーで汁気をとる。
2. ボウルに卵を割り入れ、泡立て器で溶きほぐす。
3. 2に白ワインを加えて混ぜ、次にオリーブオイルを加えて混ぜる。
4. パルミジャーノレジャーノチーズを加えて混ぜる。
5. ゴムべらに替え、1のルッコラを加えて混ぜる。
6. 合わせてふるっておいたAとこしょうを加え、切るように混ぜる。
7. オーブンシートを敷いた型に6の生地の1/3量を入れ、グリーンオリーブ4粒と生ハムの半量を並べ、残りの生地の半量を入れる。これを繰り返す。型の底を作業台にしっかり叩きつけて空気を抜く。
8. 180℃に温めておいたオーブンで40分焼く。焼き上がったら型ごとケーキクーラーにのせ、7分たったら型から出してオーブンシートをはずし、冷ます。

バターコーンに焦がし味噌 P.49

材料［8cm×18cm×8cmのパウンド型1台分］
粒コーン（缶詰）・・・・正味130g
ピザ用チーズ・・・・60g

卵・・・・2個
味噌（田舎味噌タイプ）・・・・大さじ3
上白糖・・・・大さじ2
溶かしバター・・・・80ml（80g）
A ┌ 薄力粉・・・・150g
　└ ベーキングパウダー・・・・小さじ2
飾り用
　味噌（田舎味噌タイプ）・・・・大さじ1
　みりん・・・・大さじ1
　上白糖・・・・大さじ1

作り方
1. ボウルに卵を割り入れ、泡立て器で溶きほぐす。
2. 1に味噌と上白糖を加え、よく溶き混ぜる。
3. 2に人肌にした溶かしバターを加えて混ぜる。
4. ゴムべらに替え、粒コーンと飾り用に大さじ1を残したピザ用チーズを加えて混ぜる。
5. ふるっておいたAを加え、切るように混ぜる。
6. オーブンシートを敷いた型に入れ、型の底を作業台にしっかり叩きつけて空気を抜く。
7. 上に飾り用のピザ用チーズを散らす。
8. 180℃に温めておいたオーブンで30分焼き、一度取り出し、味噌、みりん、上白糖を合わせてよく溶き混ぜた飾り用の味噌を手早く塗り、さらに10分焼く。焼き上がったら型ごとケーキクーラーにのせ、7分たったら型から出してオーブンシートをはずし、冷ます。

チマキーゼ 作り方>P.56
Aux saveurs de Chine

ちまきのイメージで作った"お遊び"ケーク。生地には上新粉も加えてみました。
飲茶風にウーロン茶やプーアール茶と合わせてください。

・・・・中華スープ＆太白ごま油

長ねぎとチャーシューに黒七味 作り方>P.56
De l'Asie : negi, porc sauté à la mode chinoise et épices du Japon

黒七味はいぶして仕上げる香りのよい京都の七味。
好みで加えなくてもいいし、ふつうの七味や粉山椒などに替えるのもおすすめです。
炒めて甘みの出た長ねぎの風味を、ぴりりと引き締めます。

ごぼうと鶏に生姜 作り方>P.57
Le japonais : salsifis et poulet au parfum de gingembre

たっぷりのごぼうと生姜を入れ、上にあられを散らした、
香りと食感がアクセントの和風味のケーク。

‥‥和風だし&太白ごま油

おからごまごま 作り方>P.57
Marbré : okara et sésame aux deux couleurs

おからと切りごまを
たっぷり加えたケーキ。
豆乳も入って
栄養もたっぷり。
しっかりした食感に
焼き上がるタイプです。

豆乳＆太白ごま油‥‥55

チマキーゼ P.52

材料 [8cm×18cm×8cmのパウンド型1台分]
干しエビ‥‥大さじ3（約15g）
生しいたけ‥‥4個
　（軸を取って正味70g）
にんじん‥‥50g
れんこん‥‥正味100g
　（皮をむいて）
ごま油‥‥大さじ1
細ねぎの小口切り‥‥4本分
卵‥‥2個
中華スープ‥‥80㎖
太白ごま油‥‥50㎖
ごま油‥‥大さじ1
A┬薄力粉‥‥100g
　├上新粉‥‥50g
　└ベーキングパウダー
　　‥‥小さじ2

作り方

1. 干しエビはひたひたのぬるま湯に30分つけてやわらかくし、キッチンペーパーでくるんで水気を絞ってざく切りにする。
2. 生しいたけ、にんじんは5mm角に切り、れんこんは6〜8等分にしてから薄いいちょう切りにする。
3. 温めたフライパンに大さじ1のごま油を入れ、1の干しエビと2の野菜を中火で炒める。野菜に火が通ったらキッチンペーパーを敷いたバットに広げて冷ます。
4. ボウルに卵を割り入れ、泡立て器で溶きほぐす。
5. 4に室温にした中華スープを加えて混ぜ、次に太白ごま油、ごま油を加えて混ぜる。
6. ゴムべらに替え、3と細ねぎの小口切りを加えて混ぜる。
7. 合わせてふるっておいたAを加え、切るように混ぜる。
8. オーブンシートを敷いた型に入れ、型の底を作業台にしっかり叩きつけて空気を抜く。
9. 180℃に温めておいたオーブンで40分焼く。焼き上がったら型ごとケーキクーラーにのせ、7分たったら型から出してオーブンシートをはずし、冷ます。

長ねぎとチャーシューに黒七味 P.53

材料 [8cm×18cm×8cmのパウンド型1台分]
長ねぎ‥‥2本（約300g）
太白ごま油‥‥大さじ1
塩‥‥適量
チャーシュー（かたまり）‥‥100g

卵‥‥2個
黒七味（または七味唐辛子）‥‥小さじ1
中華スープ‥‥50㎖
太白ごま油‥‥50㎖
A┬薄力粉‥‥150g
　└ベーキングパウダー‥‥小さじ2

作り方

1. 長ねぎは斜め薄切りにし、温めたフライパンに大さじ1の太白ごま油を入れ、中火でしんなりするまで炒めて軽く塩をし、キッチンペーパーを敷いたバットに広げて冷ます。チャーシューは厚さ5mmに切る。
2. ボウルに卵を割り入れ、黒七味を加えて泡立て器で溶きほぐす。
3. 2に室温にした中華スープを加えて混ぜ、次に太白ごま油を加えて混ぜる。
4. ゴムべらに替え、1の長ねぎを加えて混ぜる。
5. 合わせてふるっておいたAを加え、切るように混ぜる。
6. オーブンシートを敷いた型に5の½量の生地を入れ、チャーシューを少しずつ重ねながら並べて残りの生地を入れる。型の底を作業台にしっかり叩きつけて空気を抜く。
7. 180℃に温めておいたオーブンで40分焼く。焼き上がったら型ごとケーキクーラーにのせ、7分たったら型から出してオーブンシートをはずし、冷ます。

黒七味は独特な製法で作られる、濃い茶褐色のしっとりした香りよい京都の七味。

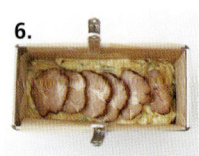

ごぼうと鶏に生姜 P.54

材料[8cm×18cm×8cmのパウンド型1台分]
泥つきごぼう‥‥1本(約120g)
鶏もも肉‥‥1枚(約250g)
ごま油‥‥大さじ2
しょうがの粗みじん切り‥‥15g
塩、こしょう‥‥各適量
卵‥‥2個
和風だし‥‥50㎖
太白ごま油‥‥50㎖
A ┌ 薄力粉‥‥110g
　├ そば粉‥‥40g
　├ ベーキングパウダー
　│　　‥‥小さじ2
　└ 粗塩‥‥小さじ2/3
黒こしょう‥‥少々
飾り用
　小粒あられ‥‥大さじ3

作り方
1. ごぼうは土を洗い落とし、縦4〜6等分に切って粗みじんにし、さっと水にくぐらせ、乾いた布巾でしっかり水気をとる。鶏もも肉は皮と脂を取り、1.5cm角に切る。
2. 温めたフライパンに大さじ1のごま油を入れてごぼうを入れ、中火で炒めて火を通す。軽く塩、こしょうをする。キッチンペーパーを敷いたバットに広げて、油をきっておく。続けて同じフライパンに大さじ1のごま油を入れて鶏肉を入れ、中火で炒めて軽く塩、こしょうをする。キッチンペーパーを敷いたバットに広げて、油をきっておく。
3. ボウルに卵を割り入れ、泡立て器で溶きほぐす。
4. 3に室温にした和風だしを加えて混ぜ、次に太白ごま油を加えて混ぜる。
5. ゴムべらに替え、2のごぼうと鶏肉、しょうがの粗みじん切りを加えて混ぜる。
6. 合わせてふるっておいたAと黒こしょうを加え、切るように混ぜる。
7. オーブンシートを敷いた型に入れ、型の底を作業台にしっかり叩きつけて空気を抜く。上に飾り用の小粒あられを散らし、軽く押さえる。
8. 180℃に温めておいたオーブンで40分焼く。焼き上がったら型ごとケーキクーラーにのせ、7分たったら型から出してオーブンシートをはずし、冷ます。

おからごまごま P.55

材料[8cm×18cm×8cmのパウンド型1台分]
おから‥‥正味150g(水分を絞った状態)
白切りごま(炒りごまを包丁で切ってもよい)‥‥40g
黒練りごま‥‥大さじ4

卵‥‥2個
豆乳(無調整)‥‥100㎖
太白ごま油‥‥70㎖
A ┌ 薄力粉‥‥100g
　├ ベーキングパウダー‥‥小さじ2
　└ 粗塩‥‥小さじ1

作り方
1. ボウルに卵を割り入れ、泡立て器で溶きほぐす。
2. 豆乳を加えて混ぜ、次に太白ごま油を加えて混ぜる。
3. おから、白切りごまを加えて混ぜる。
4. ゴムべらに替え、合わせてふるっておいたAを加え、切るように混ぜる。
5. 4の1/3量を別のボウルに入れ、黒練りごまを加えて混ぜる。
6. 5を4に入れ、3〜4回さっくりと混ぜる。
7. オーブンシートを敷いた型に入れ、型の底を作業台にしっかり叩きつけて空気を抜く。
8. 180℃に温めておいたオーブンで40分焼く。焼き上がったら型ごとケーキクーラーにのせ、7分たったら型から出してオーブンシートをはずし、冷ます。

＊おからの水分が多いようなら、乾いた布巾に包んで絞る。

とろりホワイトソースとカニ　P.24
ホワイトソース

材料
バター‥‥大さじ1
薄力粉‥‥大さじ2
牛乳‥‥150㎖
塩、こしょう、ナツメグパウダー‥‥各適量

作り方
1. 小鍋を弱火にかけ、バターを溶かし、ふるった薄力粉を焦がさないように炒める。
2. バターとなじんだら、牛乳を少しずつ加えて混ぜる。絶えず混ぜながら、ぽこっぽこっと噴火口のようになるまで加熱する。
3. 最後に塩、こしょうで味をつけ、ナツメグで風味をつける。

とろりカレー　P.25
カレー

材料 [作りやすい最低分量]
玉ねぎ‥‥中1/8個（約20ｇ）
じゃがいも‥‥小1/2個（約30ｇ）
にんじん‥‥中1/6本（約30ｇ）
サラダオイル‥‥少々
好みのカレールー‥‥2片（約40ｇ）
水‥‥200㎖

作り方
1. 玉ねぎ、じゃがいも、にんじんは5mm角に切る。
2. 小鍋を弱火にかけ、サラダオイルを入れ、**1**の野菜を炒める。
3. 水とルーを入れ、野菜がやわらかくなるまで約10分煮る。

ケーク・サレの基礎知識

ケーク・サレについて

ケーク・サレは「塩味のケーク」で、フランスの家庭料理のひとつ。とてもカジュアルなケークです。今ではシャルキュトリー（お惣菜屋さん）やカフェでも人気のメニューです。
この本では、いろいろな風味が楽しめるように、粉や油を組み合わせています。
そのようなレシピでも、粉を全部薄力粉に、油を全部オリーブオイルにして作ることができます。
手軽に作れるので、ぜひ作ってみてください。

食べごろ

せっかく焼きたてが食べられるのですから、粗熱がとれてケークが落ち着いた、ほんのりと温かい時にカットして食べてみてください。
翌日はさらに全体の味がなじんでバランスのよい状態になっています。
オーブントースターで温めるか、フライパンにのせて中火で焼くと、まわりがサクッ、中がしっとりしておいしく食べられます。

保存方法

中に入れた具材によりますが、ラップフィルムに包んで保存用の袋に入れ、冷蔵庫で保存し、4〜5日を目安に食べきりましょう。

この本で使った型について

この本では、幅8cm、長さ18cm、高さ8cm、容量1ℓのパウンド型と、ノンスティック加工の口径7cm、容量100mlのマフィン型（6個つながったタイプ／写真a）を使っています。

パウンド型の場合は、型に合わせたオーブンペーパーなどを敷いてから使います。

マフィン型はノンスティック加工なので特に何もしなくてよいのですが、金属製の型を使う場合は、紙製のマフィンカップを入れるか、バターを薄く塗って薄力粉（あれば強力粉）を薄くはたいておきましょう。

パウンド型はよく使うので、その都度オーブンペーパーをカットするよりも、洗ってくり返し使えるグラスファイバー製のオーブンシートをあらかじめ型に合わせてカットしておくと手間が省けて便利です。また、ケーク・サレは熱いうちに型から取り出すので取り出しやすいよう、オーブンシートが型より1cm位出るようにしておきます（写真b）。

オーブンシートは型より1cm長くなるように型の外側に合わせ、軽く折り目をつけます。型に合わせてしっかりと折り目をつけ直してから写真のように4カ所に切り込みを入れます。（写真C）

型に生地を入れる時には、型とオーブンシートをピンチなどで挟んでおくと安定して入れやすくなります（写真d）。また、コンベクションタイプのオーブンの風が強くてオーブンシートが生地の上に倒れ込んでしまうような時は、金属製のピンチで同様に挟んだまま焼いてもよいでしょう。

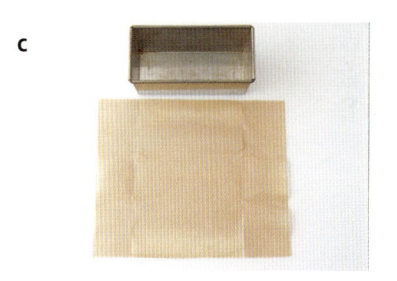

渡辺麻紀（わたなべ まき）

料理家。
白百合女子大学仏文科卒業。
大学在学中よりフランス料理研究家上野万梨子氏に師事。
アシスタントを務める。
ル・コルドン・ブルー代官山校に勤務後、
フランス、イタリアへの料理留学を経て、
現在は雑誌や書籍、イベントなど多方面で活躍。
東京目黒にて料理教室を主宰。
著書に「QUICHES キッシュ」「TERRINES テリーヌ」（小社刊）、「スコップケーキ！」（成美堂出版刊）、
「ひとつの食材で和・洋・中」「おいしくできた！ひとりぶん」（主婦と生活社刊）などがある。
http://www.makiette.com/

レシピ・調理・文	渡辺麻紀
撮影	公文美和
スタイリング	池水陽子
ブックデザイン	茂木隆行
フランス語校正	Elisabeth LAMBERT
	松尾日出子
編集	相馬素子

CAKES SALES　ケーク・サレ

●協定により検印省略
著　者　　渡辺麻紀
発行者　　池田　豊
印刷所　　株式会社光邦
製本所　　株式会社光邦
発行所　　株式会社池田書店
　　　　〒162-0851　東京都新宿区弁天町43番地
　　　　電話03-3267-6821（代）／振替00120-9-60072

落丁・乱丁はおとりかえいたします。
©Watanabe Maki　2010, Printed in Japan
ISBN978-4-262-12952-5

本書の内容の一部または全部を無断で複写複製（コピー）することは、法律で認められた場合を除き、著作者および出版社の権利の侵害となりますので、その場合はあらかじめ小社あてに許諾を求めてください。